Očekuje se da govorite?   Obvezni ste govoriti?   Želite govoriti?

60 MINUTA

ZA BOLJI

JAVNI GOVOR

KEVIN ABDULRAHMAN

"TRENER JAVNOG GOVORA ZA ZVIJEZDE"

ISBN: 978-1516859467

Većina ljudi ne može ponuditi brze rezultate.

Ja mogu.

O AUTORU

Trener Javnog Govora za zvijezde.

Duga lista klijenata Kevina Abdulrahmana uključuje Glumce, Suradnike, Ambasadore, Članove Odbora, Direktore, Delegate, Rukovodioce, Menadžere, Poduzetnike, Visoke Menadžere, Misaone Vođe, Partnere, Predsjednike & Kraljevske obitelji.

PREDGOVOR

Najbolja investicija ikad je investicija u samog sebe.

Kao međunarodni govornik i ambasador, mogu Vam reći kako je važnost govora sa utjecajem neporeciva.

Poznajem Kevina dugi niz godina. On je čuven po svojoj sposobnosti obuke svjetskih vođa za njihove zahtjeve komunikacije i javnog govora.

Njegova fundamentalna snaga i vještina nalaze se u njegovoj sposobnosti da spoji i prenese svoje znanje na druge.

Uživao sam čitajući ovu knjigu jer je Kevin oduvijek dobar u stvaranju svog učenja javnog govora zabavnim i svrhovitim. U jednom od svojih poglavlja, priča o *slikanju slike*, i iz vlastitog iskustva vam mogu reći da je samo ta ideja napravila ogromnu razliku za govore koje držim svojim publikama diljem svijeta.

Najveće ličnosti, profesionalci i vođe često su pamćeni zbog njihove mogućnosti da govore s utjecajem.

Davno su prošli dani kada ste se mogli skrivati iza stola.

Ako želite biti shvaćeni ozbiljno, dobiti sredstva za projekt, uvjeriti članove svoga tima, voditi sa utjecajem i govoriti da vas čuju, morate dotjerati vašu vještinu javnog govora.

U današnje vrijeme, pronaćete se u situaciji ili da se od vas očekuje da govorite, ili da ste obavezni govoriti. Kako Kevin napominje, *ne možete pobjeći javnom govoru.*

Kevin je ozbiljno shvatio (i zastrašio se) predmet, i pružio nam vodič lagan za čitanje (i primjenu). Svatko može postati bolji, pružiti bolje i osjećati se bolje – za 60 minuta.

Kevinovo vladanje temom javnog govora je takvo da je bio u mogućnosti prenijeti značajnu stvar, na jednostavan način.

To samo po sebi mnogo govori.

Dok budete čitali ovu knjigu, znaćete što sam mislio.

Ako vam treba brz vodič za bolje govore i u strci ste s vremenom, ovo je knjiga za vas.

60 minuta je sve što vam treba da postanete bolji u javnom govoru.

Zapamtite moje riječi. Ovo će biti jedna od najboljih mogućih investicija u vašem životu.

Njegova Ekscelencija Šeik Mohammed Bin Abdullah Al Thani,
"Prvi Katarac na Everest Summitu"

PREDANOST

Samo vi možete izvući pravu vrijednost iz pisanih riječi.

Učite, primjenjujte i zauvijek nastavite nadograđivati vašu vještinu govora.

Vi ste dio ove knjige onoliko koliko će ova knjiga postati dio vas.

ZAHVALE

Ova knjiga je o radu iz ljubavi. Destilirane kapi desetaka tisuća sati provedenih u radu s nekim od najmoćnijih ličnosti, misaonih vođa i nadahnjujućih umova diljem svijeta.

Imenovanje svih vas zahtijevalo bi vlastitu knjigu. Vječno sam zadužen i zahvalan za vrijeme koje smo proveli, i nastavljamo provoditi zajedno.

Vi ste inspiracija i ukupan zbroj svega što ova knjiga danas pruža.

Za ovaj koncept rada, potreban je podulji proces eliminacije.

Mnogo je toga trebalo otići kako bi dopustilo najprimjenjivijim tehnikama da ostanu.

ŠTO JE JAVNI GOVOR?

Ako namjeravate izraziti se specifičnom porukom za grupu i postići željeni ishod, vi govorite u javnosti, dakle javno govorite.

Bilo da želite utjecati na članove uprave, voditi sastanak osoblja, obratiti se Vašoj udruzi, predstaviti svoju tvrtku kao ambasador, održati propovijed, predstaviti svoj projekt, morate ustati i govoriti.

U ovom konkurentnom svijetu, razumne i uspješne ličnosti znaju kako je njihova mogućnost govora *kritična vještina.*

Neki ovo shvate prije, drugi, kasnije.

Svi dođu do istog zaključka – nema bijega Javnom Govoru.

Javno govorništvo je neophodno za bilo kojeg pojedinca, profesionalca i vođu-što god vam paše.

Zahtjeva se od svakog pojedinca i na svim razinama da se učinkovito izražava.

Prošao sam sve i svašta.

Svjedočio sam kako daleko previše ljudi istupa i govori loše. Neki su otkazali svoju priliku da govore i uspiju,

1

dok drugi idu toliko daleko da se sami obečaju negdje drugdje na datume kad su potrebni, sve kako bi izbjegli potrebu da govore na samo dvije minute.

Možda ste zanemarili javni govor kao nešto bez čega biste mogli živjeti. Ili možda kao i mnogi danas, toliko ste zaokupirani sa svojim poslom da ste do sada previdjeli ovu vještinu.

Niste sami.

Većini ljudi je neugodno sa njihovom vještinom javnog govora.

Oni vjeruju da mogu bolje.

Izazovi javnog govora nisu nešto kroz što se može prespavati, provući se kroz to ili nadati se da će samo nestati. Neće.

Dakle, najbolji način da se suočite s time je najjednostavniji i najefektivniji stil za suočavanje i pobjedu nad bilo kojim izazovom – direktno.

"Jedini način za izlaz iz problema

je proći kroz njega"

Nepoznat autor

KOJA JE VAŠA STVARNOST?

i)   Nikad ne razmišljate o javnom govoru.
ii)   Bili ste prezaposleni i nikad niste došli do toga.
iii) Kupili ste dosta knjiga ali ih nikad niste pročitali.
iv)   U poziciji ste gdje ljudi očekuju od vas da govorite.
v)   Obavezni ste govoriti. Ne možete se izvući iz toga.
vi)   Želite postati veliki javni govornik.

U današnje vrijeme, naši su konzultantski ugovori s privatnim poduzećima i javnim organizacijama većinom posvećeni treningu komunikacija na svim razinama.

Vrhunski timovi žele od *svih* svojih ljudi, od prodajnih predstavnika i menadžera srednje razine do svojih rukovoditelja C razine, članova uprave i predsjednika, da govore s *utjecajem.*

Zašto? Zato što se,

Vaša sposobnost da prisustvujete s moći i govoriti s utjecajem odražava kako *vas* vaša publika doživljava, vašu vrijednost, vaše proizvode, vaše usluge, vaše poduzeće, vašu marku i konačno, vašu vjerodostojnost i kompetentnost.

Ali to već ZNATE!

NA LJESTVICI OD 1 DO 10

KAKO SE OSJEĆATE VEZANO UZ VAŠU VJEŠTINU JAVNOG GOVORA?

1   2   3   4   5   6   7   8   9   10

Ne previše samopouzdano

Potpuno samopouzdanje

(Ako ste 10, ne biste trebali čitati ovu knjigu)

"Svi veliki govornici bili su

prvo loši govornici"

Ralph Waldo Emerson

UVOD

Napisao sam ovu knjigu bez obzira na izdavače, distributere i prodavače.

Ona je samo za vas, za osobu koja želi biti bolja u javnom govoru.

Kao što je komičarka Tina Fey napisala o onome što je pokupila od svog 'Saturday Night Live' šefa, Lorne Michaels, "Program ne počinje zato što je spreman; počinje jer je *jedanaest i trideset.*"

Tražite nešto sažeto i sveobuhvatno.

Odabrali ste ovu knjigu iz posebnog razloga.

60 minuta je sve što imate.

Vi ste u 'brzom i žestokom' načinu razmišljanja, ostavivši vaš razgovor/prezentaciju/javno obraćanje za zadnji trenutak.

Ipak trebate ostaviti utjecaj.

Želite neke snaže misli i tehnike za trenutačno izvršenje.

Radio sam naporno kako bih osigurao da vam svaka uključena riječ (i deseci tisuća odbačenih) istinski pomogne sa vašim javnim govorom, *trenutačno.*

Sastavio sam ovu knjigu za vas da je koristite kao preporuku (preživljavanje i napredak) svakog puta kada morate istupiti i govoriti.

Želim vam da *uživate* u javnom govoru kao što sam naučio tisuće drugih u svojim seminarima diljem svijeta da to rade- na razoružan i opušten način.

Misli i tehnike su *jednostavne* za primjenu, ali *značajne* u razlici koju će donijeti vašim rezultatima.

Ako se osjećate kao da se približavate jedanaest i trideset, budite uvjereni, *Imam vas!*

60 minuta za bolji javni govor pomoći će vam da postanete bolji javni govornik.

To je moje obećanje.

Ove tehnike koristile su predsjednicima.

Koristiće i vama.

Vaših 60 minuta počinje SADA!

1. SLUŠAJTE MAMU

Mogli biste osjećati neugodu na pomisao da morate govoriti.

Zabrinuti, pod stresom, napeti, ukočeni vrat, knedla u grlu, suha usta, možda čak i razmatrate uzimanje bolovanja (vidio sam kako se to događa previše puta) zbog nadolazećeg angažmana govorništva.

Mama mi je uvijek govorila ovo kad sam bio dijete,

"Kevin prestani. Udahni i izdahni duboko i polako deset puta. 10, 9, 8, 7, 6, 5, 4, 3, 2, 1. Dobro, sad idi i osvoji svijet".

Znam što mislite.

I ja sam mislio isto.

Kakve veze ima disanje sa rješavanjem mojih govorničkih živaca?

Bez da previše ulazimo u znanost, kada stanete i udahnete i izdahnete dugo i duboko deset puta, napunite vaša pluća i mozak s više kisika.

Osjećaćete se kao da je sve usporeno (kao što vidite u filmovima) i počećete se osjećati opušteno.

Budite sigurni da dišete u potpunosti, ispunjavajući vašu dijafragmu (područje ispod vašeg grudnog koša). Dobar dugi uzdah trebao bi učiniti da vam trbuh iskoči kao da ste progutali večeru cijelog tjedna u jednom slijedu.

Moja mama je sad vaša mama, što znači da je moramo slušati.

Uzmite zrak duboko deset puta.

Trebaće vam manje od dvije minute.

Dvije minute koje će učiniti svu razliku.

"Nebo iznad mene, zemlja ispod mene vatra u meni."

SKYRIM

2. TAJNA JE VANI

Pomogao sam desecima tisuća klijenata iz svih puteva života podijelivši ovu tajnu s njima.

Želite li znati što je to?

Priđite bliže, da vam kažem što sam im rekao.

Zabavite se.

Kažete, "Kevin ja sam intelektualac. Moram govoriti o nečemu što pada u dosadnu ali važnu kategoriju".

I dalje ću vam reći istu stvar – Zabavite se.

Većina ljudi, uključujući vas, zaboravilo je na svoju unutarnju sposobnost i želju ljudskih bića da se zabave.

Najbolje djelujete kad se zabavljate, i iskreno, nije me briga koliko ste ozbiljni postali, znate kako se zabaviti. Ili ste barem u nekom trenutku vašeg života znali.

Recite mi, kada ste posljednji put prisustvovali razgovoru, treningu, medijskoj konferenciji, prodajnom događaju ili konferenciji sa dobrovoljnom namjerom da *umrete od dosade*?

Niste.

Vjerujte mi da kada kažem da vaša publika (u kojem god slučaju) nije nimalo drugačija od vas ili mene.

Oni ne žele biti umrtvljeni i uljuljkani u komu.

Oni bi *voljeli* uživati i biti angažirani kad vas čuju da govorite (čak i o ozbiljnoj temi).

Zabaviti se je stvar stava.

Kada odaberete ovaj stav, učićete više, nastojati poboljšati svoje misli, sabrati svoje najbolje radove, ulaštiti vještine javnog govora još više i hrabro prihvatiti svaku priliku koju ste dobili da predstavljate.

Kada se zabavljate, vaša publika će biti više susretljiva prema vašim mislima, idejama i prijedlozima.

Kada se zabavljate, vaša publika će vas vidjeti kao karizmatičnog, opuštenog, samouvjerenog i dominantnog.

Recite mi sad, ne želite li vi sve to?

Naravno da želite.

3. NIJE TAKO LOŠE

Evo još jednog pitanja koje postavljam svojim klijentima.

Što je najgore što se može dogoditi kao rezultat vašeg javnog govora?

Želim da to zapišete.

U većini slučajeva, svi dožive slijedeći dan.

Ako to nije slučaj, čitanje ove knjige i očekivanje odgovora je nerealno rješenje vaših potreba.

Ako nije opasno po život, opustite se.

"Čak i ako padnete

na lice, i dalje

idete prema naprijed"

Robert Gallagher

4. SAMO MISAO

Možda ćete biti zabrinuti s time što će vaša publika misliti kada istupite kako biste dostavili vašu poruku.

Recite mi da vam kažem što oni neće misliti.
"Hahaha pogledajte je. Tako je nervozna. Jadnica."

Ono što će misliti (99.99% vremena) je,
"Oh Bože, drago mi je da ja nisam taj koji stoji gore".

"Ako prolazite kroz pakao, nastavite prolaziti"

Winston Churchill

5. PRAVILNO FORMIRAJTE

Kada ih zatraže da održe govor, mnogi ljudi često pričaju o tome kako su odlični, sve o njihovoj kompaniji i o zapanjujućoj liniji proizvoda ili usluga koje mogu ponuditi.

STOP!!!

Možda govorite, ali izbjegnite raditi pogrešku držanja govora koji je formiran oko vas (i onog što predstavljate).

Vaša čitava poruka mora biti formirana oko jednostavnog životnog principa 'ŠJIOT' – Što Ja Imam Od Toga.

Svakog puta kada stvarate poruku, upitajte se, „Što moja publika ima od toga"?

Ako imate iskustvo u prodaji onda ćete zasigurno znati da ljudi ne kupuju značajke (pogrešno formiranje).

Oni kupuju koristi (pravilno formiranje).

Ne radi se o tome koliko ste odlični vi ili vaša grupa, već se radi o tome kako publika može imati koristi od onoga što vi nudite.

Uvijek opravdajte ovaj kritični element.

Formirajte prije nego Izgovorite.

"Cilj efektivne komunikacije

trebao bi biti da slušatelji kažu 'Ja isto!'
naspram 'Pa što?'"

Jim Rohn

6. STRAH I VI

Neki uobičajeni strahovi koje ljudi iskuse pri javnom govoru:

Strah od nepoznatog

Strah od odbijanja

Strah od ispadanja glupima

Strah od isključenja

Strah od prošlog neuspjeha

Strah od krivog shvaćanja

Strah od zamračivanja

Strah od ispadanja nesposobnima

Strah od izgledanja neprirodnima

Strah od nesviđanja ili nedostatka ljubavi

Primijenite što sam podijelio sa vama u ovoj knjizi, i svaki od ovih strahova će se raspršiti u zraku.

Vaša prošlost nije vaša budućnost.

Pa što ako napravite pogrešku kad istupite i govorite?

Događa se i najboljima.

Svi ovi strahovi zadržavaju se iz prošlih iskustava, iskustava drugih ljudi i netočne referentne točke- *vas*.

Suočimo se s time.

"Ne smijem se bojati.

Strah je ubojica uma. Strah je mala smrt koja donosi totalno uništenje.

Suočiti ću se sa svojim strahom.

Dozvoliču mu da prođe preko mene i kroz mene. I kad je prošao, okrenuču unutarnje oko da vidim njegov put.

Kad je strah otišao,
neće više biti ničega.

Samo ja ću ostati."

Frank Herber

7. ZAŠTO TAKO OZBILJNO?

Znači trebate održati govor?

Zašto tako ozbiljno?

Ako ste ikad tjeskobni, onda ste pobrkali stvari.

Vi mislite da se radi o vama.

Novosti! *Ne* radi se o vama.

Radi se o publici.

Vaša uloga je dostaviti poruku.

Vaša uloga je pobrinuti se za svoju publiku.

Da vam bude dovoljno stalo da osigurate da vaša publika primi namijenjenu im poruku.

Jeste li ikad hodali niz ulicu i iskusili kako vam se potpuni stranac osmjehnuo?

U većini slučajeva, najprirodniji i instinktivni odgovor bio bi uzvratiti osmijeh.

Postoji ljudski zakon, jak u rezultatima koje pruža, jednostavan u njegovoj primjeni.

Zakon *reprociteta* kaže da smo mi kao ljudi skloni uzvraćati ono što primamo.

Ljude nije briga koliko znate dok ne znaju *koliko vam je stalo*.

Sviđaju nam se oni kojima se mi sviđamo.

Volimo one koji vole nas.

Brinemo za one koji brinu za nas.

Morali biste se zbilja jako potruditi da pronađete nekoga kome se ne sviđate. Ako uspijete, čestitamo, ali nema toliko mnogo takvih.

Brinite za vašu publiku.

Oni će to vidjeti, cijeniti i kao rezultat uzvraćati ovaj osjećaj brinući za vas i slušajući.

8. PRE-ETIKETIRAJTE VAŠE OSJEĆAJE

Prisjetite se prvog puta kad ste išli na spoj.

Uzbuđeni. Nervozni. Tjeskobni. Srce lupa. Leptiri. Nešto ili sve od gore navedenog.

Ali etiketirali ste ih kao *pozitivne*!

Vi kontrolirate etiketu koju dajete vašim osjećajima. Svakog puta.

Javni govor nije ništa drugačiji. Pre-etiketirajte svoje osjećaje.

Beskorisna Etiketa	Nova Pozitivna Etiketa
Tjeskobni	Dobro je. Živi ste
Ludite	Uzbuđeni
Nervozni	Vi ste rok zvijezda. Vaš posao je da date sve od sebe.
Strašljivi	Strašno je i imati bebu. Ali jako zabavno.
Besani	Dobro je. Više vremena za uvježbavanje.

Najbolji govornici koriste igre uma.

Njima to djeluje.

Djelovaće i vama.

"Okreni lice prema suncu i

sjene padaju iza tebe"

Maorska Poslovica

9. PROUČAVAJTE VAŠU KONKURENCIJU

Da je ovo bokserski ring, a vi se suočavate s protivnikom koji je nepobijeđen, ima dvostruki vaš doseg, tri puta vašu veličinu, i oh, gotovo sam zaboravio, smatra se svjetskim šampionom. Sretno!

Pošteno je reći, nećete pobijediti u ovom meču.

Dobre vijesti. Niste u bokserskom ringu.

Loše vijesti. Vaš protivnik je daleko opasniji nego što sam ja opisao.

Kad govorite, suočavate se s nečime što se još smatra najsnažnijim strojem u povijesti čovječanstva.

Ne suočavate se sa pametnim telefonom ili tabletom.

Suočavate se sa moćnim umom.

Većina ljudi prosječno izgovori 120-180 riječi u minuti. Brzina poput kornjačine kada se usporedi sa 400+ riječi u minuti koje mozak može obraditi.

Značenje: Ako pružite dosadan, standardan ili slab nastup, unutar nekoliko minuta, vas dvoje (vi kao govornik i um vaše publike) bićete kilometrima daleko.

"Najveći problem komunikacije je iluzija da je do nje uopće došlo"

George Bernard Shaw

I ako ni to nije bilo dovoljno, imamo još loših vijesti za vas.

A.D.D bio je opisan kao klinički izraz za etiketiranje nekolicine nemirnih.

Zahvaljujući pištanju, cvrkutanju, zvonjavi i mentalnim zvonjenjem, rekao bih da svi danas pate od A.D.D (i ja se nalazim upravo na vrhu te liste)

Što kažete na to kao na brutalno podudaranje?

Rješenje:

Budite oštroumni.

Budite relevantni.

Kako?

Nastavite čitati.

10. POVUCITE KRAJNJU CRTU

Šanse su da ste stručnjak u području o kojemu ćete govoriti.

To znači da vjerojatno možete govoriti tjednima o vašoj temi.

Intuitivno, mislite, *odlično.*

Ne. To nije slučaj.

Vaša publika vam neće dati ni minute njihovog vremena, a kamoli čitav tjedan.

Vaša publika je zaokupljena drugim gorućim pitanjima u životu.

Nemaju vremena za brbljanje.

Ako *niste relevantni*, nećete dobiti ni minutu.

Većina ljudi razmatra izradu njihove poruke s početne točke.

To može zvučati ispravno. Ali nije.

Dva značajna pitanja su neodgovorena, što rezultira frustriranim pojedincima i kompletno izvan kursa od njihove publike. Problem je nema kraja na umu.

Morate početi na način da povučete krajnju crtu.

Odgovorite na ova dva pitanja,

Koja je svrha vašeg istupanja da govorite?

_____

Što želite da publika pamti (ili napravi) nakon što je čula vaš govor?

_____

Shvatite, moglo bi vam biti teško jasno izraziti važeći odgovor isprva. Ali *morate* pritisnuti sami sebe dok ne postanete kristalno jasni.

Ovo je točka žarišta s koje uspostavljate jasan osjećaj smjera.

Uzmite ovo u obzir. Spremate se otići iz svog ureda i ući u auto. Pitanje na koje biste trebali uspješno odgovoriti u nekom trenutku prije nego što se odvezete dalje bilo bi varijacija na pitanje *"prema kojoj destinaciji vozim?"*

Dakle, tražim vas da postavite isto pitanje o vašem govoru.

Kamo vozite sa vašim govorom?

Prema kojoj destinaciji vozite vašu publiku?

Jednom kada ste odredili krajnju crtu, počinjete.

11. PREPUSTITE SE OLUJI

Poludite.

Napišite *sve* vaše misli na list papira.

Raspišite se po svemu.

Pišite čak i ako nema nikakvog smisla.

Pišite bez uređivanja.

Pišite slobodno.

Pišite obilno.

Pišite kao da ćete zaraditi drugi život.

Zapišite sve što vam padne na um.

Ako vam vrijeme dopušta, uzmite pauzu. Možda će vam kasnije, dok ste u nabavci namirnica, tokom dana više toga pasti na pamet. To se uvijek dogodi. Vratite se, i pišite.

Pišite dok se ne iscrpite u potpunosti.

Kada ocrtavate i ispisujete vaš razgovor ili govor, imate moju dozvolu da slobodno tražite ideje olujom mozgova.

Ovo je mjesto i možda jedino vrijeme kad možete koristiti vašu slobodu da zabilježite bilo kakvu glupost.

Čuvajte se: Većina profesionalaca drži svoje govore u ovoj fazi i pita se zašto im publika ima staklaste oči i zašto je pala u komu.

VAMA SE TO NIKAD NEĆE DOGODITI.

"Svaki govornik ima usta;
Razmještaj uredan to je.
Nekad su ispunjena mudrošću.
A nekad i gluposti poje."

Robert Orben

12. BOLAN PROCES

Jednom kad kroz oluju mozgova prođete sve velike ideje, misli, priče, analogije i primjere, dolazi do procesa filtriranja.

Zabavno je u početku, ali što više toga imate za ukloniti, to proces postaje bolniji.

Ako je u skladu s vašim ciljem, ostaje.

Ako nije, *režite.*

Svi misle da su njihove misli odlične (i mogle bi biti), ali um vaše publike je *nemilosrdan.*

Nažalost, nemate taj luksuz da budete emotivni o vašem sadržaju.

Ako dosadite ili zbunite vašu publiku, oni će ignorirati vašu poruku.

Nema druge prilike.

Ova knjiga originalno je bila sastavljena od 500+ stranica (već uređena).

Zamislite pretrpljenu okrutnost pri dostavljanju 60 minutne stisnute verzije.

Ako ću govoriti deset minuta, potreban
mi je tjedan dana za pripreme;

za petnaest minuta, tri dana;

za pola sata, dva dana;

za jedan sat, spreman sam odmah.

Woodrow Wilson

Shvatite, što je kraće vrijeme u kojem morate dostaviti vašu poruku, teže ćete *morati* raditi.

Sad sam vas natjerao na razmišljanje.

"Što mora ostati? Što mora otići?"

Mislio sam da nikad nećete pitati.

13. TREBAM LI OSTATI ILI BIH TREBAO OTIĆI?

Bićete suočeni sa uklanjanjem velikih komada i dijelova.

Pitanja koja morate postaviti su

1. Koja je svrha istupanja da govorite?
2. Je li ovaj smisao u skladu s ishodom koji želite postići?
3. Pristaje li?
4. Teče li? (Dotaći ću se ovoga uskoro)

U mnogo slučajeva, kada radimo s klijentima, uklonili smo toliko odličnog materijala koji su oni koristili kao odbačeni materijal za pripremu nekoliko drugih govora iz njega. Pospremili su ga u banku rezervnog sadržaja za buduće korištenje. I vi možete učiniti isto.

Ponekad vaše činjenice, misli i ideje mogu djelovati odlično isprva, ali onda odjednom jednostavno ne zvuče dobro. Ili možda ne bi odgovarale vašem željenom ishodu.

Što da radite?

Obrišite.

Nastavite uklanjati svaki komadić viška masti iz tijela, sve dok komad, prezentacija, predstavljanje ili javno obraćanje ne postane vitak opaki mišićavi stroj spreman da se suoči s žestokom konkurencijom.

"Ako nešto ne možete jednostavno objasniti, onda to ne poznajete dovoljno."

Albert Einstein

14. KOJI EDWARD?

Edward Everett rijetko se pamti kao glavni govornik.

Sjećate li ga se?

Ne brinite. Tijekom godina, samo oko 5% polaznika mojih seminara je čulo za njega.

1863. godine, Edward je bio glavni govornik. Držao je govor preko dva sata.

Pa što je tako posebno u ne sjećanju Edwarda i njegovog dvosatnog govora?

Zato što ste vjerojatno čuli za drugog tipa koji je govorio nakon njega – Abrahama Lincolna.

On *nije* bio glavni govornik toga dana.

On nije imao dva sata koje je Edward Everett imao.

Ipak, do današnjeg dana, Abraham Lincoln pamćen je za pružanje ikonskog *Gettysburg Obraćanja*.

Duljina njegovog govora?

Dvije minute. 10 rečenica. 272 riječi.

15. OSVOJITE NJIHOVU POZORNOST

"Dobar dan dame i gospodo.

Hvala vam što ste došli. Danas ću..."

Počnite s ovim, i podsvjesni um vaše publike dobiće znak (zato što već znaju što slijedi iz njihovog očajnog iskustva)

a. Ovo će biti DOSADNO!!!
b. Zašto sam ovdje? Imam toliko posla za nadoknaditi.
c. Kome izgleda udobnije? Trebam li se nasloniti lijevo ili desno da zaspim.

Izgubili ste meč s vašim uvodom.

Ako ne možete očarati vašu publiku na početku, nemate šanse za dostavljanje istaknute poruke (bez obzira na to koliko ste dobri).

Ljudi su danas mentalno zaokupljeni, rastegnuti i iscrpljeni.

Vaša publika će obično biti (i ne shvaćajte to osobno) odsutni umom, pod stresom zbog količine posla, traumatizirani količinom e-mail poruka, djecom, što spremiti za večeru, shvaćate me.

Ono što im ne treba je još jedna osoba koja im pokušava zauzeti prostor u glavi.

Ako počnete kao što svi drugi to rade, pjevate uspavanku – *Zdravo koma!*

Mogli biste govoriti punoj kući. Shvatite da je to samo kuća puna tijela.

Kuća je mentalno prazna.

Vaš posao je mentalno dovesti publiku u prostoriju.

Osvojite njihovu pažnju.

"Kako to postići?", čujem da pitate.

"Mirno more ne stvara vješte mornare"

Afrička poslovica

16. ZAPOČNITE DRUGAČIJE

"Mislim da je moja karijera upravo dostigla vrhunac" bile su prve riječi Colina Firtha kad je prihvatio Oscara za svoju zasluženu ulogu u Kraljevom Govoru.

Mogli biste iznijeti potresnu činjenicu koja nije uobičajeno poznata kako biste zadobili pažnju ljudi. Na primjer, mogli biste biti u avijacijskom sektoru i dužni ste govoriti o specifičnom aspektu – sigurnosti.

"Jeste li znali da je vjerojatnost fatalnosti 8 puta veća kada vozite nego kad letite?"

Vaša tema mogla bi biti dosadna.

Vaša tema mogla bi biti važna.

Ali nemate prava da ih koristite kao razloge da umrtvite vašu publiku.

Postanite Kreativni.

Počnite od sredine prostorije.

Počnite odostraga.

Počnite naglašavajući dilemu.

Počnite sa činjenicom.

Počnite sa utjecajem.

Počnite sa citatom.

Podijelite anegdotu.

Počnite sa distrakcijom (ali relevantnom sa smislom koji želite dokazati).

Podijelite i pokažite vaš smisao kroz akciju.

Zamislite prisustvovanje događaju gdje je govornik za tu večer, kako bi ilustrirao svoj smisao, odlučio doći obučen u pidžamu.

(ako to niste već vidjeli, spojite se na Internet i pretražite 'Leadership Speaker Pyjamas')

Pobudite um vaše publike.

Osvojite njihovu pažnju, ili vam je bolje da odete kući.

"Svatko tko bi dao slobodu za sigurnost ne zaslužuje nijedno "

Benjamin Franklin

17. TO ME BAŠ I NE IMPRESIONIRA

Prečesto, govori i javna obraćanja krenu u krivom smjeru zato što govornik misli da je to vrijeme za hranjenje vlastitog ega.

Vidio sam profesionalce kako zloupotrebljavaju svoje vrijeme govora kako bi se hvalili vlastitim sposobnostima, žargonskim vokabularom, kompleksnim scenarijima i kitnjastim prezentacijama.

Pričaju toliko gluposti, po svoj prilici da sugeriraju kako su pametni.

Slušajte me sad, nema ničeg pametnog u ovom pristupu.

Sve što to čini je da umanji vašu svrhu kao govornika.

Vaš cilj igre nije impresionirati vašu publiku.

Vaša svrha je *dostaviti* vašu poruku.

Napravite ovo i vaša publika će biti impresionirana.

Ovo bi moglo biti 'važno vrijeme' za vas, ali to *nije* vrijeme za praviti se važnima.

Ovo je vrijeme (jako ograničeno) za vas da dostavite vašu namijenjenu poruku s jasnoćom, svrhom i utjecajem.

Ne pričajte gluposti.

Ne koristite žargon (osim ako je svjetina u potpunosti sačinjena od ljudi koji razumiju žargon).

Vokabular koji koristite ne smije biti dizajniran da impresionira ljude (u suprotnom, trebali biste postati reper).

Ne budite kitnjasti.

Zadržite stvari jednostavnima.

Dostavite vašu poruku s jednostavnošću dostavljanja iste djetetu od 9-10 godina starosti.

Kao svi veliki govornici, Winston Churchill razumio je snagu jednostavnosti.

"Nikad ne odustaj. Nikad ne odustaj. Nikad, nikad, nikad"

Ključna poruka ponavljana i ponavljana više puta.

Oštroumno.

Svrhovito.

To je način za dostavljanje poruke s utjecajem.

Bićete *impresivni*.

"Razmišljaj kao mudrac ali se izražavaj jezikom običnih ljudi."

William Butler Yeats

18. PUSTI NEKA TEČE

Jeste li ikad zurili u rijeku?

Samo teče. Bez napora. Prekrasna.

Kada istupite izreći to, želim da mislite o vašoj poruci kao o rijeci. Protok informacija mora imati smisla bez uloženog napora.

Vidio sam kako ljudi istupaju i govore nevjerojatne količine besmislica, s očekivanjem da će njihova publika nekako shvatiti smisao toga.

Probudite se!

Ako nema smisla vama, onda to neće imati smisla niti vašoj publici.

Ako je maglovito u vašem umu, u svijesti vaše publike, to će biti pješčana oluja.

Ako vaša publika morati razmišljati o tome, izgubili ste ih.

Posljednja stvar koju želite je publika koja pokušava shvatiti što ste vi upravo rekli.

Prestaće slušati. Točka.

Vaša publika nema prilike da ispituje što ste ustvari mislili?

Vaša publika nema vremena uopće razmišljati o onome što govorite.

Čitajte ponovo prethodni redak dok se ne slegne.

Kažite što mislite. Mislite što kažete.

Vaš govor treba biti govor koji je *lagan* za umove vaše publike.

Ne omalovažavam publiku.

Oni su pametni. Ali su isto tako mentalno lijeni.

Jednostavno ne žele razmišljati ili morati misliti.

Trebaju biti sposobni slijediti vas s apsolutnom lakoćom.

Vi ste taj koji je istupio.

Vi ste taj koji dostavlja poruku.

Vi ste odgovorni za smislenost vaše poruke. Ne publika.

Sjetite se da rijeka teče bez napora.

Teče li vaša rijeka informacija?

" Onaj tko želi uvjeriti nekoga mora položiti vjeru, ne u pravi argument, nego u pravu riječ "

Joseph Conrad

19. UČINITE TO FILMOM

Izbjegavajte pamćenje.

Ovo može zvučati kontra-intuitivno obzirom da će se mnogi iskusni profesionalci kreveljiti s ponosom govoreći kako su zapamtili svoj razgovor, govor ili prezentaciju.

Završićete sa prepunjenim mozgom, i konačno omesti samog sebe kad bude vrijeme za akciju.

Ako želite biti smireni, pribrani i sabrani prije nego što istupite da govorite, *olakšajte* vaš mozak od svakog nepotrebnog tereta.

Dajte vašu poruku kao strukturu – kao priču za film.

Zatim, kao bilo koju priču ili film, možete vizualizirati i prizvati događaje jer čine *logičan* smisao.

Prisjetite se posljednjeg puta kad ste se susreli sa prijateljem i ponovno doživjeli film koji ste gledali, odmor na kojem ste upravo bili, ili čak kako ste proveli vikend.

Priča je imala početak, kojeg slijedi niz događaja i kraj.

Imala je *tok*. Sjećate se? Rijeka teče.

Mogli ste se prisjetiti svakog sitnog detalja, ili ste mogli propustiti pokoju manju stvar.

Ali imali ste tok, od početka do kraja.

Jednostavna priča može vam pomoći da vizualizirate i povežete vaše misli (uz pomoć okidača) od početka do kraja.

Ne učite vaš govor napamet. Pretvorite ga u film.

20. OŽIVITE GA

Previše profesionalaca istupa i dostavlja svoju poruku s naguranim činjenicama i brojkama.

Pretpostavljaju da će publika biti logična bića.

Žao mi je. Mrzim vam to razbijati, ali mi smo emotivna bića. Draže su nam živopisne vizualizacije od tupih brojeva.

Ako želite dostaviti činjenice s utjecajem, morate obojiti sliku u umovima publike.

Pomognite vašoj publici da *shvati* što ste mislili.

Činjenica: *"Burj Khalifa najviši je toranj na svijetu sa svojih 828m"*

Izjava navodi činjenicu. Ali to je samo broj.

Ne dolazi ni blizu obojanoj slici kojom možda govorimo,

"Burj Khalifa je najviši toranj na svijetu. Sa 828m, veličine je osam nogometnih igrališta naslaganih jedno na drugo"

Vi ste slikar, i um vaše publike je bijelo platno.

Probudite njihove osjećaje. Istražite njihova osjetila.

Dajte boje vašoj poruci. Dajte joj nijanse.

Dajte joj dubinu. Dajte joj dimenziju.

Dajte joj ukus. Dajte joj okus.

Dajte joj osjećaj. Dajte joj teksturu.

Vaša publika može vidjeti samo ono što vi vidite, ali tek nakon što odradite dobar posao bojanja slike za nju.

"Sanjam o slikanju a potom
slikam svoje snove"

Vincent Van Gogh

21. PROJEKT SNAGE

Umm, ahhh, kao, znate, OK, zapravo...

Nemojte ni razmišljati o tome.

Postoji moć u stankama.

Tišina je neugodna za većinu ljudi.

Koristite je kao vašu igru moći.

Vaša sposobnost da imate trenutak stanke bez korištenja filtara praznine pomoći će vam da odišete samopouzdanjem.

Bićete viđeni kao netko kome je *ugodno*, i tko drži stvari *pod kontrolom*.

Stanke dopuštaju vašoj publici da unesu i prerade što ste upravo rekli.

Stanke će ostaviti vašu publiku da vise na litici čekajući vas da dostavite vašu iduću tvrdnju s utjecajem.

Stanke su interpunkciju koja biste inače koristili ako komunicirate pismenim putem s vašim čitačem.

Stanke vam daju staloženost.

I da budem apsolutno direktan, stanke vam kupuju nekoliko sekundi da se saberete (ako ste izgubili vaš vlak misli) i dostavite vaš slijedeći smisao, s moću.

Shvaćate ideju.

Radite stanke.

"Dobro tempirana tišina utjeruje više rječitosti nego govor"

Martin Fraquhar Tupper

22. KRATKO I SLATKO

Sa svime što ste dosad naučili, ponovo pregledajte vaš govor.

Razmotrite svaku točku.

Zapitajte se, *"Kako ga mogu počistiti? Skratiti ga? Učiniti ga snažnijim?"*

Kad govorite, vaše tvrdnje trebaju biti duge samo po potrebi, ne po izboru.

Želite li biti svrstani u isti koš kao veliki govornici, misaone vođe i Predsjednici?

Možete biti.

Evo kako najmoćniji govornici osvajaju svoju publiku.

Koriste

    a.   Kratke rečenice
    b.   Jednostavne riječi
    c.   Izraze koje svi mogu prepoznati i poistovjetiti se s njima

Kvaliteta nad kvantitetom.

Manje je više.

"Dobar govor trebao bi biti kao ženska suknja; dovoljno duga da pokrije predmet i dovoljno kratka da stvori zanimanje."

Nepoznat autor

23. PREDSJEDNIČKO ZATVARANJE

Ljudi pamte *prvu* i *zadnju* stvar koju kažete.

Kad bi vaša publika bila ispitana i kad bi ih pitali, koje točke se sjećaju u vašoj poruci, što bi to bilo?

Koji je sažetak i razlog zbog kojeg ste istupili da govorite?

Koja je vaša putna poruka?

Zatvaranje je gdje mentalno pozivate vašu publiku na akciju.

Koji je vaš poziv na akciju?

Prizovite ga.

Slijedite aksiom javnog govora – *„Imajte snažno, zanosno otvaranje i snažno, znamenito zatvaranje, i stavite oboje blizu jedno drugome koliko je moguće."*

Zabilješka: Ako imate vremena za vježbu, vježbajte, provjerite zadnje dvije minute nekog vašeg omiljenog (dobro govorećeg) političara kako vodi kampanju. Njihov završetak trebao bi vam pomoći da *shvatite* njihovu poruku i poziv na akciju.

Završite dobro.

Završite s nadom.

Završite s osmijehom.

Završite sa staloženošću.

Završite sa snagom.

Vaše zadnje riječi se pamte, učinite ih značajnima.

"Da, Mi To Možemo!"

Barack Obama

Slogan kampanje, 2008

24. BOLJI STE NO ŠTO MISLITE

Vjerujem u to.

Sad vam samo trebam pokazati i učiniti da i vi vjerujete u to.

Prvenstveno, vjerujte da postoji razlog zašto ste pozvani da govorite. Postoji *vrijednost* u onome što imate za podijeliti s publikom.

Vjerujte u to.

> "Ako misliš da možeš, i ako misliš da ne možeš, vjerojatno si u pravu"
>
> Henry Ford

Na drugom mjestu, tek toliko da ne mislite da sam motivacijski *raaa raaa raaa* tip govornika, dopustite mi da vam pokažem ovu stvarnost kako bih pomogao učvrstiti vašu vjeruju u sebe.

Uzmite bilo koju spravu za snimanje (prijenosno računalo, pametni telefon ili kameru ako je još uvijek koristite) i snimite se kako držite vaš govor.

Bićete

a) Svjesni područja koja morate usavršiti.

b) Shvatiti što pomažem mojim mnogim klijentima da cijene kad vodim grupne radionice ili jedan na jedan treninge. Kao u svakom slučaju na kojem sam radio, primijetićete da ste mnogo bolji nego što mislite.

Sad idite i snimite se, gledajte i iznenadite sami sebe probom.

Znam, znam. Možete me počastiti kavom kad se budemo upoznavali. Volim i ja vas.

52

25. STOJTE USPRAVNO

Od trenutka kad uđete u prostoriju, ili čak dok izlazite iz automobila, u trenutku kad ste primijećeni, *igra počinje*.

Vaše držanje (stajanje uspravno) prikazuje da ste samopouzdani i držite stvari pod kontrolom.

Morate hodati i naposljetku stajati sa pribranošću.

Kako izgledate je tekstura koju dajete onome što govorite.

Kad govorite, stojte s nogama raširenim u širini kukova. Dovoljno da držite ravnotežu. Ne želite se klimati s jedne strane na drugu ili ljuljati naprijed i natrag.

Vaša ramena moraju biti uvučena prema natrag s vašom glavom u sredini, gledajući u publiku.

Stojte uspravno.

Vaši zračni putovi su otvoreni kako biste disali i govorili s lakoćom.

Ovo je pobjedničko držanje.

Stvarate autoritet, u kontroli ste i izgledate ugodno i kompetentno.

Neka vam uloga pristaje.

Budite vaša uloga.

Stojte uspravno.

"Dobar stav i držanje održavaju pravilno stanje uma."

Morihei Ueshiba

26. RAZORUŽAJTE I POVEŽITE SE

Jeste li znali da se djeca nasmiju 400 puta, na dan?

Taj broj smanjuje se na prosjek od samo 15 puta na dan za odrasle.

Kad se radi o javnom govoru, prosjek pada na samo šačicu, i to je velikodušno.

Previše pojedinaca odlično je kad ih upoznam jedan na jedan.

Ali onda, istupe da bi govorili.

Odjednom, izgledaju kao da imaju zatvor (nije lijep prizor).

Dozvolite mi da vam nešto kažem.

Prije sposobnosti, dolazi *dopadljivost.*

Prazno, prgavo ili začepljeno lice ne sačinjava dopadljivost.

Ljudska bića gravitiraju prirodnom osmjehu.

Osjećamo se dobro kad se smijemo (ili kad to vidimo na drugima).

Prije nego što imate priliku demonstrirati vašu sposobnost, morate osvojiti vašu publiku. Osmijeh vam daje dopadljivost.

Dopadljivost vam daje publiku koja *sluša.*

Možete reći svojoj publici da ste sretni da ih vidite, biti s njima, i podijeliti vašu poruku. Ali morate to dati do znanja svome licu.

Možete reći sve to s istinskim i srdačnim osmijehom.

Razumijete, izraz vašeg lica mora biti u skladu s onim što govorite. Osim ako ne dostavljate hvalospjev za pokojnog ili ne dajete izjavu medijima u modu kriznog upravljanja, osmijeh je najbrži način da razoružate i povežete se s vašom publikom.

Na vama je da to primijenite ovisno o kontekstu kada, gdje i zašto govorite.

Osmijeh vas ne košta ništa, ali kupuje vam neprocjenjiv ugled.

Osvojićete većinu vaše publike od samog početka.

Osmijeh je oružje. Koristite ga.

"Tvoj osmijeh je glasnik

tvoje dobre volje"

Dale Carnegie

27. KREĆITE SE SA SVRHOM

Nemojte samo stajati iza pulta (osim ako se vaše javno obraćanje emitira cijelom svijetu)

Ne skrivajte se iza predmeta. Neće vas spasiti.

Ne krećite se bez svrhe. Vaša publika će otići sa strahom i ožiljcima.

Ne šećite i ne klimajte se. Pozvaće hitnu pomoć.

Ne budite zalijepljeni za jedno mjesto. Uklopićete se s namještajem.

Zapamtite, vaša publika nema visok raspon pozornosti.

Jednom kad osvojite njihovu pozornost na početku, morati ćete kontinuirano zadržavati njihovu pozornost.

Trebate ih uključiti sa svime što imate.

Koristite prostor koji imate.

Ovisno o situaciji, možda ćete se moći kretati samo kroz jednu dimenziju (kao što je pozornica), u kojem slučaju imate lijevo, centar, i desno.

Ako ste u prostoriji, možete upotrijebiti cijelu prostoriju.

Krećite se. Ali radite to samo sa svrhom.

Napravite pokret prema jednoj strani prostorije i iznesite vašu poentu.

Tada možete signalizirati vašu sljedeću poentu na način da napravite slijedeći pokret.

Ovo će uključiti vašu publiku, pomoći vam da ispunite prostoriju, i još važnije, pomoći vam u iznošenju vaše poruke s utjecajem.

Puno bolje od ukočenog 'iza pulta' tipa govornika, slažete li se?

"Možeš imati genijalne ideje, ali ako ne radite na njihovoj realizaciji, onda vas one nigdje neće dovesti."

Lee Iacocca

28. ZNAKOVNI JEZIK

Geste su imperativ za prijenos vaše poruke. Ponovo, sa svrhom.

Ne mašite rukama kao da imate napad ili pokušavate uhvatiti 3 muhe jednim udarcem.

Držite ruke iznad pojasa.

Vaše geste su znakovni jezik. Trebaju biti u skladu s vašom porukom.

Vaše ruke bi se trebale kretati samo kad iznosite poentu.

Ako govorite *veliko je*, osigurajte da i vaše geste odražavaju 'veliko' a ne obrnuto.

Preklinjem vas, molim vas nemojte napraviti nešto zato što ste vidjeli javnu ličnost da radi isto.

Poza snage je poza snage za one koji je izvode prirodno. To nije poza koju držite deset minuta zato što *mislite* da odiše snagom.

Ne samo da ćete izgledati kao šepavac, isto tako ispasti ćete *lažnim*.

Vaša publika ne želi lažno. Oni žele izvornog govornika.

Izvornost je ono što vam daje poštovanje kod vaše publike.

Želite li ispasti snažni?

Uzmite nekoliko gesti od predsjednika i velikih govornika, vidite koje djeluju s vašom osobnošću te ih zatim koristite kao dio vašeg repertoara. Možda ćete se odlučiti za Obaminu C *gestu ruku* ili Donald Trumpovo korištenje *kule*.

Štogod odabrali, mora djelovati prirodno na vama.

" Ništa ne otežava stvari da bude prirodna koliko naše naprezanje da se tako čini."

Francois de La Rochefoucauld

29. BUDITE MAGNETIČNI

Oni su primamljivi. Oni su karizmatični. Oni su šarmantni. Oni su enigmatični. Oni imaju nepobitnu prisutnost.

Oni imaju svoj način.

Oni zapovijedaju pažnju.

Ovo su samo neke od privlačnih kvaliteta koje ljudi primjećuju u velikim govornicima.

Biste li željeli postati više karizmatični?

Biste li željeli zapovijedati prisutnost?

Što kad biste mogli biti Magnetični?

Lagano.

Pogledajte gore. Ostvarite kontakt očima.

Mnogi čine pogrešku na način da ustanu i gledaju u pod.

Drugi gledaju u sve osim u jedino mjesto koje je bitno- *publika.*

Znam da vjerojatno mislite, *"Ali Kevin, teško je gledati u publiku od 5,50,500 ili 5000 ljudi".*

Opustite se. Pre-etiketiraćemo to.

Vi ne držite govor za petsto ljudi.

Vi razgovarate *jedan na jedan*, petsto puta.

Razlomite publiku mentalno u 6 segmenata, ovisno o postavci.

Stražnje Lijevo	Centar	Stražnje desno
Prednje Lijevo	Centar	Prednje desno

Svaki puta kad iznesete poentu, pogledajte u smjeru jednog od ovih segmenata.

Još važnije, tražite lice koje je zaokupljeno s onime što govorite.

Pogledajte ih u oči i iznesite vašu poentu.

Govorite kao da govorite njima, jedan na jedan.

Kad je vrijeme da iznesete vašu iduću poentu, pogledajte prema drugom segmentu, odaberite lice, gledajte ih u oči i iznesite vašu poentu.

Pronaći ćete se prolazeći kroz segmente nekoliko puta i svakog puta imali biste razgovor jedan na jedan s nekim iz publike.

Odjednom vaše serije jedan na jedan broje veliki dio vaše publike.

Korist:

Povezujete se jedan na jedan.

Stvarate zadivljene obožavatelje unutar vaše publike.

Radite na publici kroz uključenost.

Povezujte se jedan na jedan gledajući ljude u oči, zadržavajući pogled (na nježan, ne jeziv način) dok iznosite svoju poentu.

Oči su zaista ogledala duše i kada radite ovo na razoružavajući način, vaša publika će morati gledati upravo u vas i osjetiti vjerodostojnost.

Smatrati će vas magnetičnim, i vi ćete to osjetiti.

30. GLAS

Želite da vas čuju.

Želite da vas razumiju.

Želite da vaša poruka bude dostavljena s jasnoćom.

Vaša sposobnost da govorite glasom koji prikazuje autoritet, samopouzdanje, entuzijazam i važnost dodaju težinu sadržaju o kojem govorite.

Ova želja međutim, rezultira u čestom zabunom-pojedincima koji govore stvarno glasno.

Žele da njihova poruka doseže, pa *vrište*.

"Što manje ljudi znaju,

više viču."

Seth Godin

Vrištanje vaše poruke neće vam poslužiti. Zaboljeće uši vaše publike i umanjiti poruku koju namjeravate dostaviti.

Zabilješka: prenježan govor također će umanjiti pozornost vaše publike. Umjesto da slušaju vašu poruku, kladiće se međusobno da shvate koje riječi mumljate.

Želite zapovijedajući glas.

Želite jasan glas.

Želite autentičan glas- vaš glas.

Primjenjivanje vokalnih razlika pomoći će vam pri naglašavanju ključnih točaka.

Sreća, tuga, empatija, strast- sve može biti preneseno vašim glasom.

Zamislite ono *što kažete* kao ocrtane slike u umu publike. Tada ste im dali nijansu vašim držanjem, pokretima i gestama. Vaš glas je ono što daje boju i život tim slikama (kako kažete nešto).

Čim krenemo raditi zajedno, kažem klijentima da prestanu koristiti njihov *glas lijenog stava*. Znate, stav (i nastali glas) poslije dugog dana.

Opuštate se i osjećate kao da ne možete napraviti ništa više osim odvući se s poda na kauč.

Bez plitkog govora (koristeći samo glas u ustima).

Želite i trebate snažan glas, koji dolazi iz vašeg trupa.

Stavite ruku odmah ispod prsnog koša i osjetite kako uzimate zrak duboko proširujući vašu dijafragmu. Ovo bi trebalo pomicati vašu ruku naprijed i natrag (ne gore i dolje).

Sjećate se Mamine lekcije? Deset dubokih uzdaha i izdaha, pa počnite govoriti.

Pridajte posebnu pažnju na to da ispustite glas iz dijafragme.

Osjećaj će biti čudan u početku, ali ovo je vaš *pravi glas*-vaš autentični glas.

S vježbom, očaraćete vašu publiku s vašim autentičnim glasom.

Imaćete nevjerojatan osjećaj autoriteta, kontrole i mira, govoreći iz takve dubine.

Vaša publika će čuti i iskusiti izvanrednu razliku.

Dobrodošli u glas vaše budućnosti.

31. ŽELIM BITI OBAMA

Ne ne želite (iako je neporecivo, Obama je odličan govornik)

Ali zaista ne želite.

Ok, biću taj tip koji će vam slomiti srce (okrutna ljubav) i jednostavno to izreći.

Nikad nećete biti Obama.

Ako vam ovo olakšava stvar – Ni Obama nikad neće biti vi.

Pogreška koju mnogi čine (i ovo vidite sa curama koje se unište lošim plastičnim operacijama) je da žele biti netko drugi.

Ne možete biti nitko drugi osim samih sebe.

Ne započinjite borbu jer ćete sigurno izgubiti.

Najbolje čemu biste se ikad mogli približiti je biti *'kao Obama'*. I biti *kao* netko nije kompliment.

Ne možete biti bolji (ili pobijediti) nekog drugog u pokušaju da budete kao oni ni ti će oni biti bolji od vas.

Jedino što možete je postati najbolji što možete biti.

Koristite sličnosti Obami kao inspiraciju, ne imitaciju.

Budite Vi.

Radite Sebe.

32. NESVJESTICA

Što ako ste gore, govorite i odjednom vam se smrkne?

Ne brinite. Događa se.

"Ljudski mozak počinje raditi u trenutku kad se rodite i ne prestaje sve dok ne istupite da javno govorite"

George Jessel

Daću vam dvije brze tehnike koje će vam zauvijek služiti kad budete govorili u javnosti.

    a)   Prva tehnika je korištenje *okidača*.

Unutar toka vaše priče, *okidači* će vam pomoći da se prisjetite i spojite vaše točke zajedno. Možete koristiti bilo koju ili sve slijedeće tehnike kako bi vam pomogle da pružate s utjecajem.

    i)   Iznošenje poenti na način da ih nabrojite (1. 2. 3. 4. 5.).

    ii)   Priče sa skretanjima (usponima i padovima, mentalno navodeći na sljedeću scenu)

iii) Korištenje prstiju (ovo je prikazano u tjelesnim oblicima kako bi vam pomoglo s prisjećanjem misli).

iv) Kretnje tijela (Određene točke i usklađeni pokreti u vašoj priči donose viziju onog što dolazi slijedeće).

b) Druga tehnika koju smo pokrili, re-etiketiranje.

Re-etiketirajte vašu publiku iz zakletih neprijatelja u prijatelje.

Među prijateljima ste.

Čemu služe prijatelji?

Razmišljajte o njima govoreći, kao u riječima Jerry McGuire-a , *"Pomogni mi, Pomoći ću ti"*

Ako vam se ikada smrači i nemate pojma gdje ste, *prihvatite* to- pitajte publiku da vam pomogne.

To je ono što ja radim. I plaćaju me da govorim.

Uzastopno sam rekao svojoj publici, *"Znate što, mora da sam zlatna ribica, i mora da sam izvan vode, jer nemam pojma o čemu sam pričao. Gdje sam stao ljudi?"*

Publika se smije (1 bod), vide moju autentičnost (1 bod) i aktivno sudjeluju prisjećajući mene (i same sebe) što sam posljednje rekao (1 bod).

Odjednom, oduzeli ste ono čega se ljudi toliko boje, i pretvorili to u vašu prednost.

Ovo je prednost kada vidite publiku kao vaše prijatelje.

Sad, gdje sam ono stao? Je li tako ☺

33. STIGNITE RANO

Gdje govorite?

Idite provjeriti postavu. Dobijte osjećaj za mjesto. Prošećite uokolo.

Nevjerojatno je koliko sam ovaj pokret može pozitivno utjecati na vaš cjelokupni rezultat.

Bilo da je dan ranije ili sat vremena prije, pristup mjestu gdje ćete iznijeti vaš govor, znati gdje ćete stajati dok govorite, vidjeti postavu, dobiti osjećaj za veličinu prostorije/auditorija, tonske probe biti će sve jako od pomoći.

Vaš um će pospremiti kontekst, osjećaj i okolinu. Kada dođete do toga da govorite za ozbiljno, vaš će um smatrati to poznatim mjestom te vam pomoći da budete mirniji.

Obratite pažnju na to što ću vam slijedeće reći.

Dolazak ranije omogućava vam da odigrate *neslužbenog* domaćina, upoznate polaznike kako ulaze, čavrljate s njima, upoznate se i izgradite prisnost.

71

Ovo vam povećava dopadljivost u umovima ljudi s kojima se povezujete.

Kada se ljudima sviđate, vjeruju vam.

Kad vam ljudi vjeruju, slušaće vas.

Činjenica da uzimate vrijeme da biste ih upoznali značajno će povećati šanse da im se svidite, da vam vjeruju i kad bude značilo, da vas zaista saslušaju.

"Ne možete napraviti omlet

bez da razbijete jaja "

Poslovica

34. PO MJERI

Uvedite publiku i učinite ih dijelom onoga što govorite.

Kao odijelo po mjeri, ništa nije privlačnije od poruke po mjeri.

Istaknućete se i izgledati oštroumno.

Vaša poruka odzvanjati će u publici. Osjećaće se povezano.

Uvijek tražite da razumijete

1. Tko je vaša publika?

2. Koji je kontekst? Postoji li goruće pitanje?

3. Zašto govorite?

4. Kakva su očekivanja od vašeg istupanja da govorite?

Konstantno težite izradi vaše poruke po mjeri u svakoj prilici.

Primjer A: Možete iznijeti poentu da zahvalite publici što su putovali iz udaljenosti kako bi bili na međunarodnom plasiranju vašeg proizvoda na način da kažete *"Kao Tony Gonzales koji je doputovao skroz iz Meksika kako bi bio s nama ovdje u Maleziji,* *želim zahvaliti svakome od vas što ste uzeli vrijeme i potrudili se biti ovdje s nama danas. Svidjeće vam se koristi i prednosti koji će naš novi uređaj donijeti vama i vašim kupcima"*

Primjer B: Mogli biste predstavljati vašu vladu i javno se obraćati na konferenciji "zelene energije" koja se kreće oko korištenja mozgova naše mladeži.

Pri ranom dolasku, upoznajete velik broj polaznika, od kojih je jedan gospodin u tridesetima koji je očigledno strastven na temu. Dijeli s vama nešto što njegov tim primjenjuje.

Kao dio točaka koje iznosite u očigledno dobro izrađenom i jasnom govoru, pripajate i vaš razgovor pri iznošenju poente kao primjer iz stvarnog života.

"Vjerujem da imamo neiskorištene količine energije iz prirodnih izvora i još važnije, od talenta koji je svuda oko nas. Uzmite Khalida za primjer, koji je sa mnom podijelio neke briljantne ideje na kojima su on i njegov tim radili protekle godine. Zasigurno ću nastaviti kontakt s njime na tu temu, ali kažem vam, prilike i talenti svuda su oko nas. Jednostavno se moramo probuditi i biti aktivni u traganju za njime."

Zapamtite: Svi mi cijenimo kad nam rade po mjeri.

35. SAVLADAJ SLONA

Ako je slon u prostoriji, pokažite ga.

Kriza i viškovi? Navedite ih.

Suočavate se s izazovima? Navedite ih.

Učinjene pogreške? Navedite ih.

Značajan dan u povijesti, spomenite ga.

Bilo da su smiješne ili značajne, poteškoće se moraju savladati.

Prije nekoliko godina, bio sam na govorničkoj turneji. Na konferenciji u Ujedinjenim Arapskim Emiratima, dostavio sam ključni govor grupi. 15 minuta kasnije, prvo pitanje koje sam dobio nije imalo nikakve veze s mojom ključnom točkom.

Mlada dama u pozadini dobila je mikrofon i pitala, *"odakle je vaš naglasak?"*.

Zbog moje pozadine i opsežnog putovanja, smatra se da imam neki smiješan naglasak *čovjeka ničije zemlje.*

Mislio sam da je to malen i beznačajan aspekt. Ali nije bio.

Bio je to slon koji je stao na put mojoj poruci. Lekcija koju sam naučio je da to savladam na početku, prije iznošenja moje ključne poruke.

Neki slonovi su veći od drugih.

Sjednite u stolicu vaše publike.

Shvatite što bi oni mogli misliti.

Imaju li pitanja? Brige?

Ne gladite stvari. Savladajte ih unaprijed.

Warren Buffetova holding kompanija Berkshire Hathaway (čija jedna jedina dionica je obično više od $100,000) teži započeti njihov godišnji izvještaj na način da kaže investitorima gdje su pogriješili zajedno sa izazovima koje su iskusili. Tek tada pričaju o rezultatima.

Ako vaša publika osjeća da tema mora biti spomenuta, navedite je.

Ako to ne učinite, gubite vaše vrijeme.

Vaša publika vas neće čuti.

Ne mogu.

Slon je na putu.

"Intelektualci rješavaju probleme, genijalci ih sprječavaju."

Albert Einstein

36. VJEŽBA JE PRECIJENJENA

Ne, nije.

Jednom kad ste strukturirali vašu poruku u tok, vježba je apsolutno neophodna.

Prije mnogo godina, upoznao sam Sir Anthony Hopkinsa u Sydney-u. Nevjerojatna prisutnost ovog čovjeka u ulogama koje je igrao nije došla od pojavljivanja na setu nespremnim. Prošao bi kroz priču tisućama puta. Doslovno je postao uloga koje bi igrao. Takva je bila njegova predanost umjetnosti glume i govora.

Sad, ne pokušavam reći da se pretvorite u karakter svakoga puta (pa ustvari, trebali biste, ako imate vremena), ali shvatite da najveći govornici vježbaju neumorno.

Što ste bolje uvježbani, to ćete biti opušteniji, samopouzdaniji i više dominantni.

Što više vježbe imate iza sebe, s većom ćete lakoćom iznositi svoju poruku.

Vaše usredotočenje tad se može pomaknuti da iznosi s utjecajem.

Sve što sam podijelio s vama kroz knjigu osiguraće da vježbate s lakoćom.

Najbolje političke ličnosti i direktori vježbaju dugo i naporno. Pronalaze vremena u njihovom rasporedu da stane u njega. Rade to čitav dan, čitavu noću, na stankama za ručak, između sastanaka, hodajući na ulicama, u kupaonama, doslovno svugdje. Mogli biste me vidjeti kako hodam vašim gradom pričajući sam sa sobom kao luđak. To je vježba.

Uzmite komičare, na primjer, oni smišljaju nove materijale i testiraju ih u lokalnim barovima. Dobiju povratne informacije vidjevši što pali, a što ne, što treba popraviti, a što treba biti izbačeno.

Svaka prilika koju dobijete, vježbajte.

Vježbajte mentalno, tjelesno, vizualno i vokalno.

Ne možete samo čitati tekst i nazvati to vježbom.

Radi se o javnom govoru. Morate govoriti.

Kada čujete samog sebe kako govorite, skupljate ono što treba promijeniti, kako vaš sadržaj teče, koja dodavanja i koja oduzimanja treba izvršiti. Nevjerojatno je koliko možete ispraviti samog sebe jednostavno čuvši i osjetivši kako govorite.

Ako imate vremena, pozovite neke prijatelje. Možda imate mačku koja će izdržati malo patnje. Ako sve ostalo podbaci, pouzdajte se u neprijeporne i vjerodostojne povratne informacije- ogledalo na zidu.

"Ne bojte se razgovarati sami sa sobom.

To je jedini način da budete sigurni da netko sluša."

F.P. Jones.

37. SUDNJI DAN

Nikad ne sudite knjigu po koricama.

I ipak, svi to radimo.

Vaša publika će stvarati ocjenu vas, sviđalo vam se to ili ne, zaslužujete li to ili ne.

Vaša je odgovornost da osvojite svaki pojedini bod koji možete osvojiti.

Ovo je nekoliko brzih i laganih bodova koje *morate* osvojiti.

Ovo je uključeno jer sam, do današnjeg dana, zbunjen zašto se zdravi razum ne čini tako uobičajenim.

1. Dobro Gledajte. Ne bih smio govoriti ovo ali hoću. Lijepo se obucite. Obucite se za prigodu. Izgledajte kao vaša uloga. Ako sumnjate, nakinđurite se.

2. Mirišite dobro – Ponovo, ovo ne treba ni govoriti, sviđaju nam se ljudi koji dobro mirišu. Istuširajte se prije nego što ste obvezni govoriti. Morate biti čisti i svježi. Loš tjelesni miris je neugodan i odvraćajući za vašu publiku.

3. Osjećajte se dobro. Od glave do pete, nosite samo ono što

vam je udobno. Ne oblačite svilenu košulju od $300 ako ste alergični na svilu. Nije važno koliko ste platili nešto ili koliko to dobro izgleda na kameri. Želite izgledati dobro a ne kao netko tko pokušava otjerati muhe od sebe- *odbojno*.

38. VRIJEME JE ISTEKLO

Publika je pljeskala – *jer su htjeli da govornik siđe s pozornice.*

Vaša publika neće cijeniti ako im kažete da prodajna prezentacija traje 30 minuta a ona završi na 90 minuta, ili da će javno obraćanje trajati samo 8 minuta a završi na 27 minuta.

Držite se vremena. Ustvari, završite *prije* vremena.

Nitko ne prigovara dok ste unutar vremena.

Vaša publika će cijeniti kad završite na vrijeme ili prije vremena.

Morate težiti tome da publici ostavite osjećaj *"Želimo još".*

Bilo da radite *trominutno* predstavljanje posla na TV emisiji, predvodite sastanak odbora ili govorite na pozornici, držite se vašeg vremena.

Ovo je bezuvjetan kriterij za vašu cjelokupnu sliku i konačne rezultate.

Ostavite vašu publiku da želi još.

"Budite iskreni, budite kratki, sjedite."

Franklin Roosevelt

39. VIZUALIZIRAJTE USPJEH

Vizualizirajte kako pružate odličan govor.

Vizualizirajte interakcije.

Zamislite publiku kako plješće jer su uživali u vašem govoru.

Publika je bila zaokupljena.

Shvatili su vašu jasnu poruku i bili su nadahnuti za akciju (ovisno o svrsi vašeg govora).

Vizualizirajte čitav proces vašeg držanja govora s utjecajem od početka do kraja.

Razvalili ste.

Ponovite ovaj proces vizualizacije koliko god puta možete.

Vaš um ne razlikuje činjenice od fikcije.

Kad dođe vrijeme za akciju, vaš podsvjesni um govoriće, *"Hej, ovo izgleda poznato. Već smo bili ovdje. Znam točno što treba učiniti. Razvalimo to."*

"Uvijek postoje tri govora, za svaki koji stvarno održite. Jedan koji ste vježbali, jedan koji ste održali, i onaj koji želite da ste održali."

Dale Carnegie

40. ISTUPI. GOVORI!

Ljudi poput Martina Luthera Kinga, Winstona Churchilla i Johna F. Kennedya zarobili su maštu njihove publike, njihovih ljudi i njihove nacije.

Dostavili su svoju poruku na način koji je učinio njih i njihovu poruku znamenitima.

I vi možete učiniti isto, bez obzira tko ste, i u kojoj ste poziciji.

Spominjem ove „Velike" zato što su počeli s mjesta koje je bilo itekako poznato većini nas.

Martin Luther King (MLK) dosegao je i rezonirao svojom publikom ne samo čitajući riječi. Dao im je *život*. Dotaknuo je srca i umove ljudi.

Ovo je došlo s vježbom. MLK dobio je "3" iz predmeta javnog govora na koledžu.

Winston Churchill (WC) inspirirao je naciju. Neznano mnogima, nije bio nadaren govornik. Provodio je sate, dane i tjedne na krajnjim vježbama i poboljšavanju svojih govora.

Ako morate znati, WC patio bi od znojnih dlanova i napada suza dok se pripremao za svoje govore. Isto tako, mucao je.

John F Kennedy (JFK) naporno je radio da bi postao čovjek koji simbolizira velikog javnog govornika. To je došlo s vježbom, podukama i trudom.

JFK je bio čovjek čije su ruke i koljena *drhtala* rano u njegovoj karijeri.

Zajednička nit ovih *Velikih Govornika* je da su uzeli vremena za razvijanje i poboljšavanje svojih govorničkih vještina u oblik umjetnosti.

I vi možete učiniti isto.

Podukama, naporom, usredotočenošću, znanjem, vježbom- *zauvijek.*

Ova knjiga vam je dala mnogo za početi s time.

Možete samo postati bolji, dostavljati bolje i osjećati se bolje kroz akciju.

Neka se vaša poruka čuje. Govorite!

"Postanite tako dobri da će vas

morati primijetiti"

Steve Martin

NA LJESTVICI OD 1 DO 10

KAKO SE SAD OSJEĆATE O

VAŠOJ SPOSOBNOSTI JAVNOG GOVORNIŠTVA?

1   2   3   4   5   6   7   8   9   10

Ne previše samopouzdano   Potpuno samopouzdanje

MOŽEMO LI POMOĆI VAMA I VAŠOJ GRUPI?

Ispuštanje glasa

Govor Tijela

Pisanje Govora

Trening Vještina Prezentacije

Obuka Prodajnih Prezentacija

Trening Javnog Obraćanja

Scenske Vještine

Medijski Trening

Shadowing

VRSTA UKLJUČENIH USLUGA

Osobni jedan-na-jedan trening

Obuka direktora u komunikacijama i vodstvu

Privatne radionice za grupe

Krizno upravljanje

Komunikacijsko savjetovanje

Upiti za rezervacije:

Info@KevinAbdulrahman.com

"Razvoj odličnih vještina komunikacije

apsolutno je neophodno za

efektivno vodstvo.

Vođa mora biti sposoban prenijeti znanje

i ideje kako bi prenio osjećaj hitnosti i

entuzijazam na druge.

Ako vođa ne može prenijeti poruku jasno

kako bi motivirao druge da po njoj djeluju,

tada nije ni važno da tu poruku ima."

Gilbert Amelio

www.ingramcontent.com/pod-product-compliance
Lightning Source LLC
Chambersburg PA
CBHW072255200526
45168CB00016B/1976

* 9 7 8 1 5 1 6 8 5 9 4 6 7 *